ISBN : 978-2-36062-098-2

FLORENT LAMOUROUX

le festin

Résidence(s)
de l'Art en Dordogne

SOMMAIRE | Contents

Florent Lamouroux pratique la photographie, la sculpture, la performance et l'installation.
Ses préoccupations s'articulent autour de l'identité, individuelle et collective, vécue et perçue.
Incarnant différents personnages archétypaux dont il reprend les attributs – vêtements mais aussi attitudes –, il représente l'Autre. Avec une ironie bienveillante et une économie de moyens, notamment avec l'usage privilégié de sacs plastique et de ruban adhésif, il interroge nos présupposés et l'éventuelle uniformisation des individus au sein de notre société.
L'artiste mène aussi des recherches sur l'identité des territoires ; en expérimentant l'appropriation et le déplacement d'espaces particuliers, il envisage les rapports de l'homme avec la société et son environnement.

Cet ouvrage témoigne de son séjour en résidence en Monpaziérois et présente un choix d'œuvres représentatives de sa démarche.

Florent Lamouroux develops his artistic practice through photography, sculpture, performance and installation.

His preoccupations revolve around identity –both individual and collective– that are experienced and perceived.

Embodying different archetypal characters from which he reuses symbols –items of clothing but also attitudes– he represents the Other. With a kindly irony and an economy of means, with a preference given to the use of plastic bags and adhesive tape, he questions our presuppositions and the potential standardization of individuals within our society.

The artist also leads a research about the identity of territories; experiencing the appropriation and the displacement of distinctive spaces, he considers the relationships of the man with the society and its environment.

This book reflects his stay in residence in Monpazier and presents a selection of works of art which reveals his artistic approach and statement.

ŒUVRES | Artworks
2004-2012

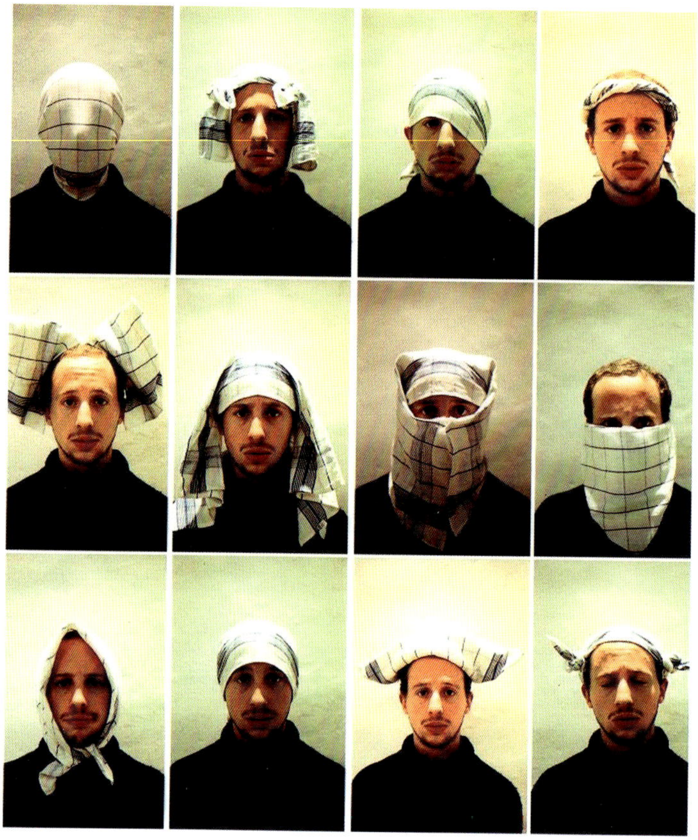

Autoportraits au torchon
2004

1,2,3, statuile ▷
2006

Versus ◁ ▷
2009

Who's the boss (physique de la dynamique bureaucratique)
2007

FLORENT LAMOUROUX, EMBALLÉ C'EST PESÉ ?

par Ghislain Lauverjat

Décembre 2013

« *Life in plastic, it's fantastic.* » Aqua, *Barbie Girls*, 1994.

Chantonner du *Aqua* (groupe danois d'*eurodance* symbolisant le mouvement *Bubblegum dance* de la fin des années 1990) en sortant d'un atelier d'artiste peut sembler étonnant. Pourtant, il y a un réel écho entre les paroles légères d'une chanson des années 1990 et le travail artistique de Florent Lamouroux.

De prime abord, ce travail peut paraître de surface, et il faut le dire c'est bien-là une de ses grandes qualités. L'art et le jeu s'y croisent en permanence pour incarner une réalité âpre des choses de manière légère. Le façonnage des sacs-poubelle, enveloppes plastique colorées, permet à l'artiste de mettre en place un jeu de mimesis très abouti et renvoie à une échelle de son corps comme objet.

Pour Florent Lamouroux, l'art n'est pas une activité hors du monde, bien au contraire, il est en permanence en friction en confrontation avec son environnement.

Ainsi de l'hétérogénéité formelle des œuvres, un axe commun ressort : le travail de recherche repose sur une étude ethnographique personnelle. Il n'étudie

FLORENT LAMOUROUX, WRAPPED AND WEIGHED?

"Life in plastic, it's fantastic". Aqua, *Barbie Girls*, 1994.

Humming *Aqua* (a Danish *Eurodance* group symbolising the *Bubblegum dance* movement at the end of the 90s) as you come out of an artist's workshop may seem a little surprising. And yet there is a real echo between the light words of a song from the 90s and Florent Lamouroux's artistic work.

To begin with, the work may appear superficial, and it has to be said this really is one of its major qualities. Art and games cross over permanently to embody a bitter reality in a light way. By shaping trash-bags, coloured plastic envelopes, the artist sets up a highly accomplished game of mimesis with the scale of his body as an object.

pas de lointaines tribus aux rites ancestraux, il regarde le monde et la société dans laquelle il gravite. Être ethnographe c'est regarder, décrire des groupes humains (ethnies), leurs caractères anthropomorphiques, sociaux, etc.

Ce principe descriptif s'applique à ses œuvres. Par une esthétique proche du pop art, où la représentation figure des référents populaires, l'artiste privilégie une œuvre visuelle, sensible et de ce fait court-circuite la légitimation de l'œuvre par un discours conceptuel.

Cette posture artistique et ethnographique est à l'origine de la série *Casting*. L'artiste y réalise une série photographique d'autoportraits déguisés en figures plus ou moins variées (policier, éboueur, femme nord-africaine, agriculteur, touriste) dans leurs contextes sociaux. Ce travail nous offre une illusion, qui, par son observation, dévoile son artificialité. Derrière les apparences, le regardeur perçoit l'élaboration plastique des vêtements et des accessoires. En effet, l'artiste assemble des sacs-poubelle, au rendu précis et détaillé, afin de créer les costumes des personnages. Ce qui semble être réel ne l'est pas, il s'agit d'une surface plastifiée évoquant les apparences de ces vêtements et accessoires qui, dans une mise en scène grotesque, évoquent notre uniforme social.

Par exemple pour l'œuvre *Le Touriste*, les objets, de l'appareil photographique aux lunettes de soleil jusqu'au chapeau, sont tous moulés sur les objets réels. Ces objets plastiques, enveloppes vides, ne représentent que la surface des objets réels. Le travail plastique de Florent Lamouroux repose sur un illusionnisme qui, comme en peinture, dévoile sa fausseté lorsque l'on s'en approche et que l'on détaille l'œuvre. Ce décalage entre la réalité et la fiction élabore le régime plastique et esthétique de l'œuvre. L'objet réel est doublement présent, à la fois par l'objet imité et par le matériau utilisé. Le sac-poubelle reste un contenant qui, une fois évidé, est comme le négatif de l'objet, un reliquat superficiel. Cela provoque un doute sur le réel et la fiction et soulève la question des apparences. De ce constat, je me pose la question : « Si l'habit ne fait pas le moine, le plastique fait-il le plasticien ? »

1. *Zhu Hong, La présence d'un oubli*, 2angles, 2011.
2. Mathieu Bénézet, *Le Roman de la langue*, coll. 10/18, 1977, p.111.

For Florent Lamouroux, art is not an activity removed from the world; on the contrary, it is permanently in friction and confrontation with its environment.

From the formal heterogeneousness of the works, there emerges a common direction where research work is based on a personal, ethnographic study. He is not looking at distant tribes with ancestral rites, but the world and society in which he lives. Being an ethnographer is a question of looking at and describing human and ethnic groups, their anthropomorphic, social characteristics and so on...

This descriptive principle applies to his works. Via an æsthetic approach close to pop art, where representation uses popular references, the artist gives preference to a visual, sensitive work, thereby short-circuiting justification through any conceptual language.

This artistic and ethnographic approach is at the source of the *Casting* series, where the artist carries out a photographic sequence of self-portraits disguised in more or less diverse forms (policeman, refuse collector, North-African woman, farmer, tourist) in their social contexts. The work offers us an illusion which, by observing it, reveals its artificiality. Behind appearances, the observer perceives the plastic elaboration of clothes and accessories. The artist assembles trash-bags, whose rendering is precise and detailed so as to create the characters' costumes. What seems to be real, isn't. This is a plasticized surface suggesting the appearances of such clothes and accessories which, in grotesque scenographic fashion, evokes our social uniform.

In *The Tourist*, for example, objects, from camera to sunglasses to hat are all moulded on real objects. These plastic items, empty envelopes, only represent the surface of the real objects. The visual work of Florent Lamouroux is based on an illusionism which, as in painting, reveals its

1. *Zhu Hong*, *La présence d'un oubli*, 2angles, 2011.
2. Mathieu Bénézet, *Le Roman de la langue*, 10/18, 1977, p.111.

Le vêtement comme enveloppe externe n'est-il pas une fiction en soi ? L'habit compose une première identification sociale, d'appartenance à un groupe.
Par ce jeu détournant et interpellant l'identité, Florent Lamouroux questionne le vêtement comme média, comme porteur d'information.
En s'appropriant les codes sociaux par ce détournement de la forme et de la couleur, il s'approprie les objets et leurs significations collectives. Le terme de casting est lui-même clair. Un casting ne repose pas sur la personne mais sur le personnage, son apparence et l'image qu'elle renvoie dans une futilité presque rassurante.
Grâce à l'utilisation du sac plastique, l'objet, par son image photographique, se compose comme une peinture figurative. Pris comme une palette colorée modulable, Florent Lamouroux nous présente le plastique sous toutes ses possibilités mimétiques.
Chaque partie des costumes est un objet unique. Ce caractère contredit une production vestimentaire de masse. La copie plastique est un objet unique reprenant un modèle produit en très grand nombre. En dénonçant cette production de masse et l'identification sociale d'appartenance à un groupe, l'artiste questionne la standardisation vestimentaire. Derrière ce constat, il y a la notion du vêtement comme un signe identitaire qui, recomposé en plastique, prend toute la mesure d'un signe artistique.
Ce processus de moulage de la réalité et de sa retranscription se structure par un travail à l'échelle de scènes de la vie quotidienne. Par le plastique des sacs-poubelle, Florent Lamouroux compose un duplicata de la réalité. Cette enveloppe vide, quasi picturale, se fait surface artistique et révèle la profondeur de son discours.
Par l'univers du déguisement et non du travestissement, Florent Lamouroux évoque l'enfance et le jeu. Les postures prises sont autant d'archétypes accompagnant les costumes. Son travail se structure par la légèreté d'un geste ludique et enfantin évoquant la production de masse d'une société de consommation et son uniformisation de l'individu. On retrouve cette démarche dans d'autres séries.
Jouant des qualités visuelles et minimales, les œuvres de la série *Carotte* présentent les reliquats des pièces plastique. Rappelez-vous les pièces des

falseness when we step up close to it and see the work in detail. This discrepancy between reality and fiction enhances the visual and æsthetic aspect of the work. The real object is doubly present, both via the imitated object and the material used. The trash-bag remains a container, which, once emptied, is like the negative of the object, a superficial remainder. This raises a doubt over reality and fiction, as well as the question of appearances. Given this, I ask myself: "If clothes don't make the man, does plastic make the visual artist?" (significantly "plasticien" in French). Are not clothes as external envelopes a fiction in themselves? Apparel constitutes a first level of social identification, of belonging to a group.
By playing on this, identity is deviated and challenged. Florent Lamouroux questions clothing as media, as something which conveys information.
By appropriating social codes via this deviation of form and colour, he acquires the objects and their collective meanings. The term casting is quite clear on this score. Casting is not based on people but characters, their appearances and images that these convey with an almost reassuring futility.
By using plastic bags, the object, via its photographic image, is composed like a figurative painting. By taking plastic as a modulable coloured pallet, Florent Lamouroux uses all its mimetic possibilities.
Each part of the costumes is a unique object. This characteristic is at the opposite to mass production of clothing. The plastic copy is a unique object taking up a model that is produced in large quantities. By denouncing this mass production and the social identification of belonging to a group, the artist is questioning the standardization of clothing. Underlying this is the notion of apparel as a sign of identity which, remade in plastic, takes on the scope of an artistic sign.

maquettes qui tiennent dans un maillage de leur production. Surdimensionnées pour les mettre à l'échelle d'une sculpture minimaliste monumentale, ces œuvres croisent de nouveaux signes et signifiants. Les échelles présentent et évoquent des lignes de force abstraites et ne permettent pas immédiatement l'identification. Pourtant il s'agit bien encore d'un objet extrait de la réalité, pris dans une échelle et dans un cadre différent, qui construit son propre vocabulaire artistique.

Par des pièces de plus grandes dimensions, Florent Lamouroux explore et questionne l'espace et son intégration. Toujours enfantin, tout en étant malin, il conquiert les espaces réels en leur superposant sa réalité et sa fiction.
Les *Territoires nomades*, dont une place de parking transportable, ou bien des passages cloutés, sont comme les tapis de jeu de notre enfance. Posés dans la nature, sur un trottoir ou dans n'importe quel espace extérieur ou intérieur, ils le redéfinissent.
Cette superposition repose sur une résonance de l'espace et de la surface. Intégré à une ancienne carrière, un champ, ou une peupleraie, ce *Territoire nomade* les transforme en carrefour urbain, et invite ethnographiquement et artistiquement à l'imaginaire. Là où beaucoup de postures artistiques naturalisent l'espace urbain, Florent Lamouroux urbanise l'espace en friche et naturel.
Ce jeu de glissement, constaté par la photographie, se veut une friction entre deux réalités. Celle d'un jeu, d'un amusement qui, par la notion de nomade, est déplaçable et applicable suivant les envies de l'artiste. Tout comme les vêtements deviennent révélateurs de l'habit, de l'enveloppe, les *Territoires nomades* révèlent les codes spatiaux car ils sont les symboles d'une urbanité.
La Bastide est un plan parcourable physiquement, car de la taille d'une salle. L'œuvre se compose d'un réseau de lignes dont l'aspect géométrique convoque une posture artistique abstraite. Mais en étant un plan parcourable et identifiable, elle se veut être un espace empirique. L'œuvre est tout autant mentale que physique, tout autant réalité que fiction. L'artificialité de l'espace urbain et architectural, plastiquement évoqué, témoigne de ce qui compose notre réalité, notre environnement.

This process of remoulding and retranscribing reality is structured by work on the scale of day-to-day scenes. By using trash-bag plastic, Florent Lamouroux composes a duplicate of reality. This quasi-pictural empty envelope becomes an artistic surface and the depth of its artistic discourse.
Through disguise rather than dressing-up, Florent Lamouroux conjures up the world of childhood and fun. The postures assumed in the costumes are archetypes accompanying such costumes. His work is structured by the lightness of a fun, childlike gesture evoking the mass production of a consumer society and its standardization of the individual. This approach can be seen in other series.
Playing on visual and minimal qualities, the works in the *Carotte* (left-overs) series present remainders of plastic pieces. Just remember the pieces of models which were attached to a mesh. Oversized to place them on the scale of a minimalist monumental sculpture, these works cross new signs and signifiers. Scales present and evoke abstract lines of force, but which are not immediately identifiable. And yet this is once again an object extracted from reality, in a different scale and framework, constructing its own artistic vocabulary.

Using huge pieces, Florent Lamouroux explores and questions space and how it fits in. Still childlike but crafty in approach, he conquers real spaces, superimposing his reality and fiction.
Territoires nomades, [Nomadic Territories], including a transportable parking space or pedestrian crossings, are like childhood play rugs. Placed in nature, on a pavement or any exterior or interior space, it redefines such space.
This superimposition is based on the way space and surfaces resonate. Integrated into an old quarry, a field or a poplar grove, *Territoire nomade* transforms them into an urban

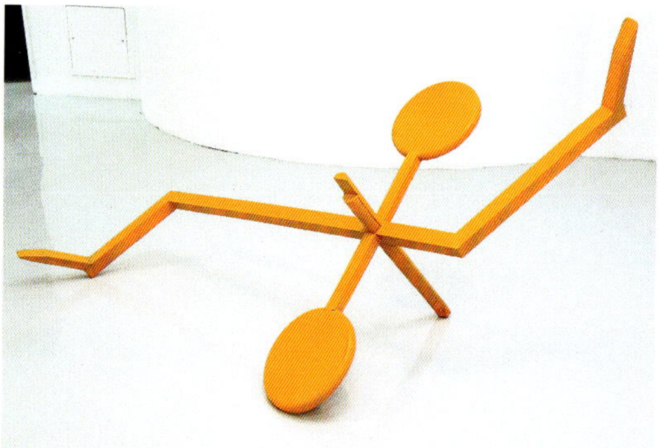

Carotte
2012

Par son ethnographie ludique et cet appel à l'imaginaire, le regard de Florent Lamouroux se pose sur notre espace personnel et collectif, espace vestimentaire et espace urbain qui définit notre société.
Il y a dans la description et la compréhension du travail de Florent Lamouroux un regard subjectif sur le monde qui nous entoure. Ces œuvres sont évidées, comme désincarnées et pourtant le corps est toujours convoqué par l'imagination et l'amusement. Il n'y a de vie dans la poupée Barbie que celle que l'enfant lui met. Il y a de la vie dans les œuvres de Florent Lamouroux par le regard qu'il pose sur le monde et qu'il nous propose nous-mêmes de pratiquer. La vie en plastique avec Florent Lamouroux peut être fantastique. ∎

crossroads, ethnographically and artistically inviting the imaginary on stage. Where many artistic approaches naturalize urban space, Florent Lamouroux urbanizes space into natural fallow land.
Captured by photography, this shift is a friction between two realities. That of a game, of fun which, via the nomadic notion, can be moved and applied according to the artist's desires. Just as clothes reveal apparel and wrapping, *Territoires nomades* reveal spatial codes as symbols of urbanity.
You can physically walk around *The Bastide* plan which is the size of a room. The work is made up of a network of lines whose geometrical aspect suggests an abstract artistic approach. Since you can walk around and identify the plan, however, it is also an empirical space. The work is as mental as it is physical, as real as it is fictive. Visually conjured up, the artificiality of the urban and architectural space testifies to what makes up our reality and environment.

Through his fun ethnography and the call to use one's imagination, Florent Lamouroux sees our individual and common space, our clothing space and urban space which defines our society.
In the description and understanding of the work of Florent Lamouroux, there is a subjective look at the world which surrounds us. The works are hollowed out, as if disembodied, even if the "body" is still summoned up by imagination and fun. The only life in a Barbie doll is what the child puts there. There is life in the work of Florent Lamouroux via the way he looks at the world and which he proposes we adopt. With Florent Lamouroux, life in plastic can be fantastic.

▷ ***Vous n'êtes pas ici*** (détail)
vue d'exposition, 2011

RÉSIDENCE EN MONPAZIÉROIS

Residency in the Region of Monpazier

2011-2012

◁ *Vous n'êtes pas ici*
vue d'exposition, 2011

RECHERCHES MENÉES ET ŒUVRES CRÉÉES EN RÉSIDENCE

par Florent Lamouroux

Octobre 2011

Lors de sa résidence de création à Monpazier, Florent Lamouroux a axé ses recherches sur les notions d'identité et de territoire en Monpaziérois. Sa réflexion sur l'identité prend la forme de nouveaux *Castings*, ces mises en scène de lui-même où, non sans humour, il se met dans la peau d'un autre, recourant à des archétypes locaux tels que *Le Chasseur* ou *Le Ramasseur de champignons*.

En parallèle, Florent Lamouroux s'est intéressé à l'architecture et à la mémoire de la bastide de Monpazier, et confronte ce modèle architectural idéal aux préoccupations urbanistiques actuelles. Il a réalisé ainsi dans un projet audacieux, *Territoire nomade*, où avec la coopération d'entreprises locales, il réinvente une possible bastide de notre époque...

Les *Castings* : une recherche identitaire

« Ce projet a été initié il y a plusieurs années déjà et il prend son sens dans la multiplicité des contextes

RESEARCH AND WORKS CREATED IN RESIDENCY IN THE REGION OF MONPAZIER

I During his creative residency in Monpazier, Florent Lamouroux focused his research on notions of identity and territory in the region of Monpazier. His reflection on identity takes the form of new *Castings*, where he directs himself and, not without humour, puts himself in someone else's shoes, with local archetypes such as *The Hunter* or *The Mushroom Picker*. At the same time, Florent Lamouroux has taken an interest in architecture and the memory of Monpazier's bastide walled town, confronting this ideal architectural model with contemporary urban concerns. His project, *Territoire nomade, [Nomadic Territory]*, is a bold one in which, with the cooperation of local firms, he reinvents a possible bastide of our present-day time...

dans lesquels j'évolue. En effet, la série des *Castings* retrace une tentative de représenter un panel de personnages archétypaux en rapport avec un lieu donné. Je me mets donc en scène, à la manière d'un comédien, dans des vidéos et des photographies, vêtu de costumes de plastique. Ces tenues sont constituées d'un assemblage rudimentaire de sacs plastique dont les attributs et les détails, eux, sont définis avec précision.

Le séjour à Monpazier me permet de compléter cette série en révélant des clichés locaux : *Le Touriste*, *Le Rugbyman* ou encore *La Vieille*.
« Je descends au plus profond de moi-même pour y rejoindre tous les autres », disait Georges Mathieu à propos de son travail.
Ma recherche, elle, s'étend en "surface", celle de l'image, me reliant aux autres et me permettant alors de définir le mot "artiste".
Mon travail autour de l'identité est donc aussi une tentative de créer du lien et de donner la possibilité de voir – de se voir – autrement. »

Territoire nomade : interroger la mémoire de la bastide

« Monpazier, bastide archétypale et modèle urbain idéal, n'a presque pas évolué depuis sa construction. En effet, ici, la mémoire du lieu n'est pas qu'une représentation mentale du passé car elle est tangible. Les bastides sont construites de façon normée, en damier, mais leur forme dépend avant tout du contexte sur lequel elles sont implantées. En outre, ce modèle architectural médiéval a été exporté et a influencé les plus grandes métropoles contemporaines du monde. L'envie de transporter vers, déplacer hors, superposer, et de "reimplanter", apparaît alors.

Castings: a search for identity

"This project began several years ago now and it derives its meaning from the multiplicity of contexts where I happen to be. The Castings series reflects an attempt to represent a roll-out of archetypal characters in relation to a given place. I direct myself in fact, like an actor, in videos and photos, dressed in plastic apparel. These clothes are made up of a rudimentary assembly of plastic bags whose details are, however, accurately defined.

Monpazier helps me complete this series via local clichés such as *The Tourist*, *The Rugbyman* or *The Old Woman*.
"I delve down deep inside me to meet everyone else" said Georges Mathieu about his work.
My research, however, is at "surface" level, that of the image, linking me to others and allowing me to define the term "artist".
And so my work on identity is also an attempt to create links and make it possible to see –to see oneself– differently."

Territoire nomade: sounding the bastide's memory

"As an archetypal walled town and ideal urban model, Monpazier has practically not changed since it was built. Here, the memory of the place is not just a mental representation of the past because it is tangible. Bastides were built along standardized lines, in checkerboard pattern, but their shape above all depends on the context on which they were implanted. In addition, this medieval architectural model was exported and has influenced the world's largest contemporary cities. There is a desire to transpose, displace, superimpose and "relocate".

Territoire nomade : la bastide est un embryon de "ville neuve" symbolisé par les quatre angles de rues du "double axe" typique de Monpazier.
J'entreprends alors de le transporter dans des contextes différents pour découvrir comment la nature influence cet espace et réciproquement, faisant l'expérience de son intégration ou non.

Cette possible bastide est constituée de matériaux symboliques de notre société moderne (bitume, gravier, palettes de transport) afin de trancher avec toute image idéalisée illustrant habituellement ce lieu touristique qu'est la bastide de Monpazier. »

Dans un second temps, l'œuvre s'expose en une installation déstructurant l'espace routier ainsi reproduit, pour reconstituer un plan de bastide praticable, à l'échelle du lieu d'exposition.
Dans le prolongement de ce travail, un autre plan de la « ville idéale », en terre et d'argile locale cette fois-ci, joue de nouveau avec l'image mentale de la bastide et sa représentation physique. ■

Territoire nomade: la bastide, is an embryonic "new town" symbolized by the four street corners of the "double axis" typical of Monpazier.
I transpose it against different backdrops to see how nature influences this space and vice-versa, whether or not I experience its integration.
This possible bastide is made up of materials that are symbolic of our modern society (asphalt, gravel, transport pallets) so as to break with any idealized image which is usually the way Monpazier is seen, as a tourist spot."

In a second phase, the work is shown in an installation, destructuring the road space thus reproduced, to reconstitute a practicable bastide plan.
As an extension of this work, there is another plan of the "ideal town", in local clay this time, which again plays with the mental image of the bastide and how it is physically represented.

Territoire nomade, la bastide ◁ ▷
2011

Territoire nomade, la bastide
2011

Casting
2011

ŒUVRES | Artworks
2012-2014

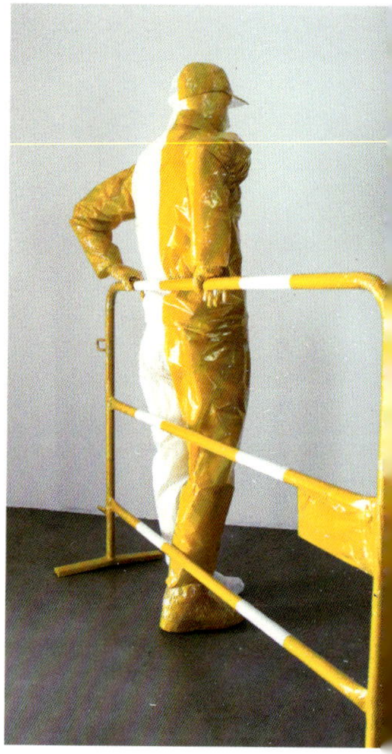

Posturb #
2007-2012

Le Sens de la vie (le motard) ▷
2013

Toiles bleus d'ouvriers
2012

Le Sens de la vie (les ouvriers)
2013

Contradiction
2009 -2014

Back to black
2012

◁ *Holidays*
2013

BIOGRAPHIE | Biography

Florent Lamouroux

Né en 1980 à Decize, Nord (http://florentlamouroux.com)
Florent Lamouroux est représenté par la Galerie Isabelle Gounod, Paris (http://galerie-gounod.com)

Expositions personnelles (sélection)

2014 **Revêtements**, L'Angle, espace d'art, La Roche S/ Foron, (comm. : Marion Dupressy).
La direction, Le Carré noir, espace d'art contemporain, Bonneval.
2013 **Posturb**, galerie Isabelle Gounod, Paris.
2011 **Vous n'êtes pas ici**, Biron / « Résidences de l'Art en Dordogne ».
2009 **Versus**, Galerie contemporaine de Chinon.
2008 **Florent Lamouroux**, POCTB, ateliers Oulan-Bator, Orléans.
2007 **T4-18**, Orangerie de la Louvière, Montluçon.

Expositions collectives (sélection)

2014 **Laps**, fondation Vasarely, Aix-en-provence (comm. : Djeff / Fanny Serain).
Biennale de la Jeune Création, Houilles.
Motopoétique, MAC Lyon, (comm. : Paul Ardenne / Barbara Polla).
2013 **Parcours d'artistes**, Centre d'art des Passerelles, Pontault-Combault.
Motion Picture ~~Association~~ Improvisation, Galerie Glockengasse 9, Vienne, Autriche, (comm. : Raimund Pleischburger).
Avant travaux, La Marbrerie, Paris (comm. : Ombline De Benque).
Drolatique, Galerie contemporaine, Chinon.
Éphémères, Les Rives de l'art, Château de Monbazillac.
2012 **Seconde vie par l'art**, Conseil général, Nancy.
Biennale d'art de Gonesse, **Drolatique**, (comm. : Dominique Marchès/ Sophie Brossais).
2011 **Festival Prenez des couleurs**, parcours d'art contemporain en ville, Chinon (comm. : Dominique Marchès).
Eleven, Prix Icart 2011, Espace Cardin, Paris.
2010 Foire **SLICK**, Galerie Isabelle Gounod, Paris.
Artifice/ Artefact, musée d'Agesci, Niort.
Un artiste, une œuvre, Galerie contemporaine de Chinon.
Macadam, studio13/16, Centre Pompidou, Paris (comm. : Sarah Mattera).
Détournements, galerie Isabelle Gounod, Paris.
Safari, CNEAI, Chatou, (comm. : Sylvie Boulanger).

2009 **Florent Lamouroux + Mickael Kindler**, Artport Galerie, Berlin.
L'Art est ouvert, Jardin d'Hélys, Dordogne.
SXS dans R, Réseau Artskool, Générale en Manufacture / Jeune Création, Paris (comm. : Adrien Pasternak).
2007 **Forum européen de la jeune création**, Grand Casino, Luxembourg.
2006 **I've got the power**, Hôtel de Ville, Tours, (comm. : Groupe LAURA).
Biennale d'Art de Bourges, **panorama jeune création**.
2005 Festival international de théâtre **Radu Stanca**, Sibiu, Roumanie.
Star d'un jour, Centre d'art Camille-Lambert, Juvisy-sur-Orge, (comm. : François Pourtaud).
2004 Festival **Subtil contexte**, Vent des Forêts, Fresnes-au-Mont.
Split, galerie Glassbox, Paris, (comm. : H.Trioreau).
2002 **Première,** CAC de l'Abbaye Saint-André, Meymac.
Retour au vestiaire, galerie du Haïdouc, Bourges.

Résidences

2012 **Mécénat Touraine artistes entreprises,** association Mode d'Emploi, Tours.
2011 **Résidences de l'Art en Dordogne**, Agence culturelle Dordogne-Périgord, Communauté de communes du Monpaziérois.
2010 **État d'un lieu**, PEJA, Domaine national de Saint-Cloud.
2008-2009 **Plateau technique Berlin**, association POCTB, Orléans.
2007 **Shakers**, Montluçon.
2006-2007 **Pépinières européennes pour jeunes artistes**, MAPXXL, Sibiu, Roumanie.
2005 **Le Vent des Forêts**, Fresnes-au-Mont, Meuse.

Workshops

2011-2012 **D940,** Emmetrop / Agence d'Exploration Urbaine, Bourges.
2011 **Dessus/Dessous**, exposition « Fashion Factory », Studio 13/16, Centre Pompidou, Paris.
2010 **Manifestation solitaire**, exposition « Manifestez-vous », Studio 13/16, Centre Pompidou, Paris.

Bourses et prix

2014 Prix Louise Dehem (Prix de peinture et arts apparentés, Belgique)
2013 Bourse d'aide individuelle à la création de la DRAC Centre.
Bourse d'aide individuelle à la création de la Région Centre.
2007 Bourse d'aide individuelle à la création de la Box (ENSBA Bourges).

Publications

Catalogue de l'exposition **Star d'un jour**.
Catalogue de l'exposition **Subtil contexte**, texte d'Alexandre Bohn.
Catalogue **Panorama Jeune Création**, Biennale d'art de Bourges.
Catalogue **Parcours d'artistes**, Pépinières Européennes pour Jeunes Artistes.
Catalogue de l'exposition **I've got the power**, texte de Jerôme Diacre.
Catalogue de l'exposition **T4-18**, textes de Jeremy Liron et Fredéric Herbin.
Catalogue de l'exposition **Shakers, 5 ans d'effervescence**.
Catalogue de **L'art est ouvert**, 2009.
Journal **Scénoscope #4**.
Catalogue de l'exposition **Artifice/ Artefact**.
Livre numérique **Les Murs**, texte de T. Vineau, éd. publinet, 2011.
Catalogue **Drolatique**, Biennale d'art de Gonesse, texte de Dominique Marchès.
Catalogue du projet **D940**.
Catalogue de l'exposition **Limonaïa**.
Catalogue de l'exposition **Seconde vie par l'art**.
Catalogue monographique dans la cadre des Résidences de l'Art en Dordogne, texte de Ghislain Lauverjat.
Catalogue de l'exposition **Biennale de la Jeune Création**, texte de Julie Crenn.
Catalogue de l'exposition **Question de jeune création**, édition anniversaire dans le cadre de la Biennale de la jeune création de Houilles, par Alexandra Fau.
Catalogue de l'exposition **Motopoétique**, textes de Paul Ardenne et Barbara Polla.

Formation

2004 DNSEP avec félicitations du jury (ENSBA Bourges).
2002 DNAP (ENSBA Bourges).

LES « RÉSIDENCES DE L'ART EN DORDOGNE »

Résidence(s) de l'Art en Dordogne

Né en 1996, le programme des « Résidences de l'Art de Dordogne » est coordonné par l'Agence culturelle départementale Dordogne-Périgord et repose sur une convention tripartite entre l'État (via la Drac Aquitaine), le Conseil général de la Dordogne (via l'Agence culturelle), et chacun des organismes qui accueillent les artistes. Il bénéficie aussi du soutien annuel du Conseil régional d'Aquitaine. Il concrétise et officialise l'engagement d'associations locales, de municipalités, de structures culturelles ou d'organismes désireux de développer l'art contemporain et d'inscrire la création artistique dans la vie sociale, culturelle ou professionnelle au sein de leurs communauté et territoire.

Les « Résidences de l'Art en Dordogne » offrent ainsi à des artistes plasticiens la possibilité de s'immerger dans un territoire riche d'histoire et de références artistiques, avec ses caractéristiques géographiques, économiques et culturelles. Les artistes invités se nourrissent des ressources qu'offre le territoire, tout en gardant comme fil conducteur l'axe de recherche ou le domaine de réflexion proposé par la structure qui les accueille.

Durant leur séjour de recherche et de création, les artistes mènent de nouvelles expérimentations aboutissant souvent à la conception d'œuvres. La résidence permet également de créer des passerelles, des temps de partage et d'échanges privilégiés entre les artistes accueillis, leurs œuvres et la population (habitants, membres d'associations, enseignants, élèves...).

Chaque année, trois résidences débutent en Dordogne.

Les organismes inscrits dans le programme des « Résidences de l'Art en Dordogne » en 2012

Ville et Centre culturel de Ribérac, Communauté de communes du Monpaziérois, Pôle Expérimental Métiers d'Art de Nontron et du Périgord Vert, Ville et service du Patrimoine de Sarlat, Pôle International de la Préhistoire aux Eyzies-de-Tayac, Cave de Monbazillac avec l'association Les Rives de l'art et le Centre Hospitalier Spécialisé Vauclaire avec l'association Zap'art à Montpon-Ménestérol.

L'Agence culturelle départementale Dordogne-Périgord, coordinatrice des « Résidences de l'Art en Dordogne »

L'Agence culturelle départementale Dordogne-Périgord est un établissement public qui a pour mission de favoriser

"THE ART'S RESIDENCIES IN DORDOGNE"

Born in 1996, The "Art's Residencies in Dordogne" program is coordinated by the departmental cultural Agency Dordogne-Périgord and is based on a tripartite agreement between the State (through the agency of the DRAC Aquitaine), the General Council of Dordogne (through the activity of the cultural agency), and each of the organizations that host artists. It also benefits from the annual support of the Regional Council of Aquitaine.

It concretizes and formalizes the commitment of local associations, municipalities, cultural structures or organizations wishing to develop contemporary art and artistic creation, to also inscribe the artistic creation in the social, cultural or professional life within their community and territory.

"The Art's Residencies in Dordogne" offer visual artists the opportunity to immerse themselves in a territory rich of history and artistic references, with its geographical, economic and cultural characteristics. Artists are nourished by resources of the territory which hosts them, while remaining centered on the axis of research or the domain of reflection proposed by the structure which welcomes them. During their stay of research and creation, artists realize new experiments often leading to the creation of new works. The residence also allows time sharing and privileged exchanges between welcomed artists, their works and the population (inhabitants, members of associations, teachers, students...).

Each year, three residencies begin in Dordogne.

Organizations registered in the program of "The Art's Residencies in Dordogne" 2012

City and the Centre culturel of Ribérac, Communauté de Communes du Monpaziérois, Pôle Expérimental Métiers d'art of Nontron and Périgord Vert, town and service du patrimoine of Sarlat, Pôle International de la Préhistoire at Les-Eyzies-de-Tayac, Cave de Monbazillac with Les Rives de l'Art association and the Vauclaire Hospital with Zap'art association at Monpon-Ménestérol.

The Agence culturelle départementale Dordogne-Périgord, coordinator of "The Art's Residencies in Dordogne"

The Agence culturelle départementale Dordogne-Périgord is a public institution which has the mission of promoting the diffusion and the artistic creation –Visual arts, music, theatre, la diffusion et la création artistiques – arts visuels, musique, théâtre, danse –, de participer à la médiation du patrimoine, de valoriser la culture occitane et d'accompagner les acteurs de la vie culturelle, d'informer, d'orienter et de sensibiliser les publics.

Le cadre des « Résidences de l'Art en Dordogne »
Déroulement d'une résidence

L'artiste séjourne trois mois sur un territoire, accueilli par l'un des partenaires du programme. En début de résidence, en automne, une rencontre / conférence permet de présenter la démarche de l'artiste au public. Ensuite, le séjour de recherche de deux mois et demi consécutifs est consacré à la découverte du contexte, aux rencontres avec les habitants et enseignants, à toutes occasions d'enrichir son projet et son œuvre. Les projets et œuvres réalisés sont présentés lors d'une exposition en fin de résidence, installée par l'artiste pendant 15 jours et organisée au printemps de l'année suivant le séjour de recherche.

Disciplines artistiques

Photo, vidéo, sculpture, installation, arts numériques, design...

Critères d'éligibilité pour un artiste en résidence

- Résider hors Dordogne.
- Être affilié à un régime de sécurité sociale des artistes ou des auteurs d'œuvres graphiques et plastiques.

Appels à candidatures et sélection des dossiers

Les appels à candidatures sont diffusés au début de chaque année civile. Ils sont suivis d'un examen et d'une présélection des dossiers, réalisés par un comité de pilotage constitué des représentants de l'organisme d'accueil, du ministère de la Culture et de la Communication/Drac Aquitaine, du Conseil général de la Dordogne, du Conseil régional d'Aquitaine et de l'Agence culturelle départementale Dordogne-Périgord. Le choix du lauréat s'effectue à l'issue d'une rencontre entre les artistes présélectionnés et le comité de pilotage.

Renseignements

Agence culturelle départementale Dordogne-Périgord,
Pôle création-diffusion
Espace culturel François-Mitterrand
2, place Hoche . 24000 Périgueux
T. 05 53 06 40 04
v.marolleau@culturedordogne.fr
www.culturedordogne.fr

dance– to participate at the mediation of heritage, to promote Occitan culture and to accompany the actors of cultural life, to inform, to guide and educate the public.

The framework of "The Art's Residencies in Dordogne"
Conduct of a residence

The artist spends three months on a territory, hosted by one of the partners of the program.
At the beginning of the residence, in autumn, a meeting/conference is organized to present the artist's approach to the public. Then, the stay of research for two and a half months consecutive is dedicated to the discovery of the context, in meetings with the inhabitants and teachers, at all opportunities to enrich his project and his work.
Projects and the works realized are presented in an exhibition at the end of residence, installed by the artist during 15 days and organized in the spring of the following year.

Artistic disciplines

Photo, video, sculpture, installation, design, digital arts...

Eligibility criteria for an artist in residence

- To reside outside of Dordogne
- To be affiliated to a social security scheme for artists or authors of graphic and plastic works.

Application

The calls for applications announced at the beginning of each calendar year. They are followed by a review and a screening of files, carried out by a committee constituted of representatives of the welcome commitee, the Ministry of Culture and Communication/DRAC Aquitaine, of the general Council of Dordogne, the regional Council of Aquitaine and the departmental cultural Agency Dordogne-Périgord.
The selected artist occurs after a meeting between the short listed artists and the jury.

Information

Agence culturelle départementale Dordogne-Périgord,
Pôle création-diffusion
Espace culturel François-Mitterrand
2, place Hoche • 24000 Périgueux • T. 05 53 06 40 04
v.marolleau@culturedordogne.fr · www.culturedordogne.fr

LA COMMUNAUTÉ DE COMMUNES DU MONPAZIÉROIS ET L'ASSOCIATION LA MAISON DU GRAND SITE

ORGANISMES D'ACCUEIL D'ARTISTES EN RÉSIDENCE

La Communauté de communes du Monpaziérois et l'association La Maison du Grand Site s'associent pour accueillir les artistes en résidence. Elles adhèrent au programme des « Résidences de l'Art en Dordogne » depuis la naissance du dispositif en 1996.
Après Hervé Le Nost (1998), Daniela Jordanova (2003), Frédéric Urto (2007), Florent Lamouroux a été invité en 2011 à mener un séjour de recherches sur *Art et mémoire*.

La Communauté de communes du Monpaziérois regroupait treize communes du canton de Monpazier, elle s'est dissoute en janvier 2013, ses membres font désormais partie de la Communauté de communes des Bastides Dordogne-Périgord.
L'association La Maison du Grand Site a été créée en 1992 ; elle a pour objet la promotion, la gestion et l'animation du Grand Site National. Régulièrement, l'association La Maison du Grand Site organise des manifestations telles que des spectacles de théâtre, comédies musicales, concerts et des expositions.

Chef-lieu de canton, Monpazier est une cité médiévale créée en 1284. Avec les deux communes alentours, Biron et Capdrot, ces trois villages sont classés Grand Site National.

Monpazier
En Périgord pourpre, à 56 km au sud de Périgueux

THE COMMUNAUTÉ DE COMMUNES DU MONPAZIÉROIS AND THE ASSOCIATION LA MAISON DU GRAND SITE, ORGANIZATIONS THAT HOST ARTISTS IN RESIDENCE

The Communauté de communes of Monpaziérois and the association La Maison du Grand Site went into a partnership to welcome artists in residence. They joined the "Art's Residencies in Dordogne" program since its creation in 1996.

After Hervé Le Nost (1998), Daniela Jordanova (2003), Frédéric Urto (2007), Florent Lamouroux was invited in 2011 to lead a stay of artistic creation centered on the theme: *Art and Memory*.

The Communauté de communes of Monpaziérois consisted of thirteen municipalities of the administrative district of Monpazier, it dissolved in January 2013, its members are from now on part of the Community of municipalities of Bastides Dordogne-Périgord.

The association La Maison du Grand Site was created in 1992; its aims are to promote, to manage and to animate the "Great National Site" of Monpazier.

Monpazier est considérée comme l'une des bastides les mieux conservées et a servi de cadre au tournage de nombreux films de cape et d'épée.

En Monpaziérois, l'accueil d'artistes en résidence marque la volonté des organisateurs d'ouvrir leur patrimoine au regard des créateurs contemporains.

Renseignements
Association La Maison du Grand Site
1, rue Jean-Galmot • 24 540 Monpazier
T. 05 53 27 09 25

Regularly, the association La Maison du Grand Site organizes events such as theatre shows, musicals, concerts and exhibitions. County seat of a district, Monpazier is a medieval town founded in 1284. With Biron and Capdrot, two neighbouring towns, they are labeled "Grand Site National" (Great National Site).

Monpazier is regarded as one of the *bastides* (fortified towns) the best preserved, and has served as a setting for many cloak-and-dagger films.

In the area of Monpazier, the welcoming of artists in residence shows organizers' willingness to open their heritage at the regard of contemporary artists.

Informations
Association La Maison du Grand Site
1, rue Jean Galmot • 24 540 Monpazier
T. 05 53 27 09 25

LÉGENDES DES ŒUVRES | Artworks legends

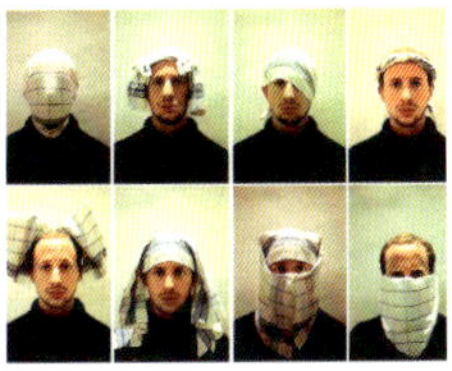

p. 6 ***Autoportraits au torchon***
2004
Photographies argentiques, 20 x 30 cm

p. 7 ***1, 2, 3 statuile***
2006
Performance.
Festival international de théâtre de Sibiu, Roumanie.

p. 8-9 ***Versus***
2009
Installation de 22 moulages du corps de l'artiste.
Sacs-poubelle, sacs plastique, ruban adhésif, tubes de PVC.

p. 10 ***Who's the boss (physique de la dynamique bureaucratique)***
2007
Installation.
Sacs-poubelle, ruban adhésif, ruban adhésif aluminium, tubes de pvc, bois.

p. 15 ***Casting***
2002-2007
Série photographique.
Vêtements réalisés avec sacs-poubelle, sacs plastique, ruban adhésif.
Dimensions variables.

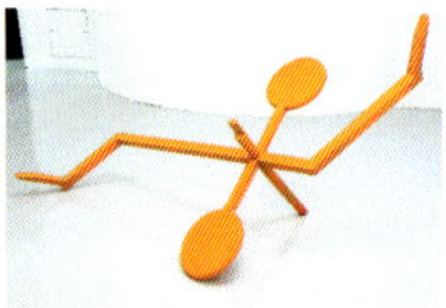

p. 16 ***Carotte***
2012
Sculpture.
Plastique polycarbonate, peinture. Dimensions variables.
6 exemplaires uniques.

p. 18 ***Vous n'êtes pas ici***
2011
Installation.
Palettes, plaques de bois, bitume.
Dimensions variables.

p. 22-25 ***Territoire nomade, la bastide***
2011
Photographies, tirages numériques.
100 x 100 cm.

p. 26-27 ***Casting***
2011
Série photographique, tirages numériques.
50 x 70 cm.

p. 28 ***Posturb #***
2007-2012
Sacs-poubelle oranges et blancs, ruban adhésif, plot de signalisation, mousse polyuréthane, 160 x 60 x 70 cm.

Sacs-poubelle verts, ruban adhésif transparent, banc en plastique, 150 x 140 x 60 cm.

Sac à gravats jaune, sacs-poubelle blancs, ruban adhésif transparent, barrière de chantier, 167 x 150 x 50 cm.

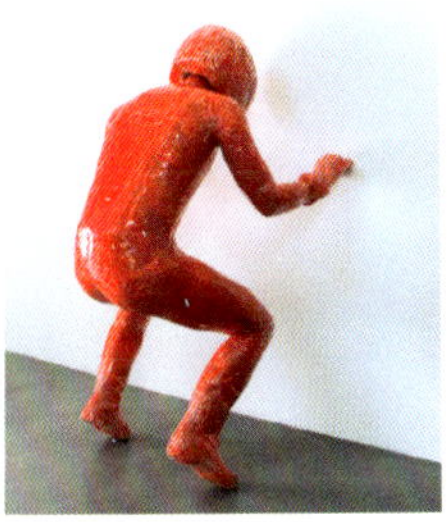

p.29 ***Le Sens de la vie (le motard)***
Moulage sur le corps de l'artiste.
Sacs plastique rouges, ruban adhésif, mousse polyuréthane.
170 x 70 x 50 cm.

p.30 ***Toiles bleus d'ouvriers***
2012
Transfert de blouse d'ouvrier pressée à chaud sur polycarbonate.
61 x 50 cm.
25 exemplaires uniques.

p.31 ***Le Sens de la vie (les ouvriers)***
2013
Installation de 200 figurines représentant l'artiste dans 4 postures de travail.
Impression numérique 3D.
Dimensions variables.

p.32 ***Contradiction***
2009 -2014
Céramiques émaillées. Dimensions variables.
Exemplaires uniques.

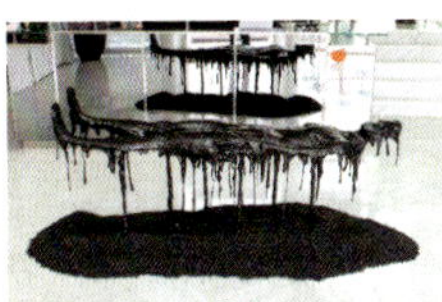

p.33 ***Back to black***
2012
Plastique polycarbonate teinté dans la masse, granulé de polycarbonate.
200 x 90 x 90 cm.

p.34 ***Holidays***
2013
Bouchons de pêche, ensemble de 7 sculptures.
Polycarbonate, fibre de verre, résine, peinture, matériaux divers.
120 x 50 x 30 cm.

REMERCIEMENTS

Florent Lamouroux remercie l'Agence culturelle Dordogne-Périgord, la Communauté de communes du Monpaziérois, l'association La Maison du Grand Site et les entreprises Colas et Héraut du Bugue, et Dispano de Belvès.
Amicales pensées à tous les esprits ouverts qui agitent la Dordogne avec leurs bras et leur tête et que j'ai eu le plaisir de rencontrer : Mathilde Beytout, la famille Chansard, Valérie Denommé, Christelle Dufour, Bernard Étienne, Michèle Grellety, Anne-Marie Gros, Ghyslain Lauverjat, LO-renzo, Louis, Violaine Marolleau, Stéphanie Martigne, Elsa Martin, Sarah Mattera, Greg Mattera, la famille Moreaud, la famille Piot du Jardin d'Hélys, Pierre Peyrout, Marie-Cécile Ruault-Marmande, Annie Wolff et l'équipe des Rives de l'Art.

Le programme des « Résidences de l'Art en Dordogne » ne pourrait exister sans la volonté et la participation des nombreuses personnes qui contribuent à son fonctionnement et à sa médiatisation (dont certaines constituent les comités de pilotage), et qui sont élues, artistes, directeurs d'organismes culturels ou d'entreprises privées, présidents et bénévoles d'associations, médiateurs, formateurs, auteurs, conférenciers, « guides » des artistes et des publics, techniciens et personnes chargées de l'administration, enseignants et élèves, représentants des institutions partenaires, ni sans l'enthousiasme et l'engagement des artistes invités. Qu'ils soient tous remerciés.

Directeur de publication **Bernard Cazeau**
Textes **Ghislain Lauverjat, Florent Lamouroux, Violaine Marolleau**
Traductions **Ian Trickett, Marian Mooney, Ophélie Olejniczak**
Suivi éditorial **Isabelle Pichelin, Violaine Marolleau**

Crédits photographiques
Florent Lamouroux, sauf mentions particulières.

« Résidences de l'Art en Dordogne »
Agence culturelle départementale Dordogne-Périgord
Espace culturel François-Mitterrand
2, place Hoche · 24000 Périgueux
Tél : 05 53 06 40 00
www.culturedordogne.fr

Éditions Le Festin
www.lefestin.net
Coordination éditoriale **Xavier Rosan, Amélie Daraignez**
Conception graphique **Véronique Schiltz**
Photogravure **Christelle et François Veaux**
Impression **Laplante, Mérignac**
Dépôt légal juillet 2014